School Shootings. Eine Analyse zweier amerikanischer Studien mit dem Fokus auf der Prävention

Deniese Schulz

Bibliografische Information der Deutschen Nationalbibliothek:

Die Deutsche Nationalbibliothek verzeichnet diese Publikation in der Deutschen Nationalbibliografie; detaillierte bibliografische Daten sind im Internet über http://dnb.d-nb.de abrufbar.

ISBN: 9783346339232
Dieses Buch ist auch als E-Book erhältlich.

Druck und Bindung: Books on Demand GmbH, Norderstedt Germany
Gedruckt auf säurefreiem Papier aus verantwortungsvollen Quellen

Das vorliegende Werk wurde sorgfältig erarbeitet. Dennoch übernehmen Autoren und Verlag für die Richtigkeit von Angaben, Hinweisen, Links und Ratschlägen sowie eventuelle Druckfehler keine Haftung.

Das Buch bei GRIN: https://www.grin.com/document/983545

Technische Universität Dortmund

Fakultät Erziehungswissenschaft, Psychologie und Soziologie

Wahlpflichtseminar Klinische Psychologie: Gewalt in der Schule

Datum des Votrags: 24.06.2020

Sommersemester 2020

Zwei Studien zum Thema School Shootings:

Code of Silence: Students' Perceptions of School Climate and Willingness to Intervene in a Peer's Dangerous Plan & Prevention of Targeted School Violence by Responding to Students' Psychosocial Crises: The NETWASS Program

Deniese Viviane Schulz

BA Erziehungswissenschaften

7. Fachsemester

Inhaltsverzeichnis

1. Einleitung
2. Erste Studie: Syvertsen, A.; Flanagan, C.; Stout, M.
   2.1 Zusammenfassung der Fragestellung, des Themas und dem thematischen Kontext.....5
   2.2 Methode...7
   2.3 Ergebnisse..10
   2.4 Diskussion...12
3. Zweite Studie: Scheithauer, H. et al.
   3.1 Zusammenfassung der Fragestellung, des Themas und dem thematischen Kontext...13
   3.2 Methode...16
   3.3 Ergebnisse.. 18
   3.4 Diskussion...20
4. Fazit..21
5. Literaturverzeichnis

Einleitung

Die folgende Hausarbeit beschäftigt sich mit dem Thema School Shootings. Es werden genauer die Aspekte des Schulklimas, des Erkennen von Risiko bringenden Schülern und Schülerinnen und insbesondere der Aspekt Prävention behandelt. Zunächst stelle ich eine Studie zu einem typischen Peer Verhalten, dem Code of Silence, vor. Anschließend wird eine Studie zu einem Präventionsprogramm, dem NETWASS Programm, erörtert. Dies geschieht bei beiden Studien, indem die Fragestellung/Hypothese und der Kontext zusammengefasst, die Methode und Ergebnisse erläutert werden und anschließend die Diskussion durchleuchtet und reflektiert wird, in Hinblick darauf, welche Fragen offen bleiben für die zukünftige Forschung. Am Ende dieser Hausarbeit wird ein Fazit stehen, dass aus beiden Studien Schlussfolgerungen zieht und die wichtigsten Ergebnisse noch einmal vor Augen führt. Die erste Studie beschäftigt sich nicht nur mit dem Code of Silence, sondern eher mit der Bereitschaft ihn zu brechen, wenn das Schulklima gut ist. Der Code of Silence ist das Schweigen unter Schüler und Schülerinnen, das Nicht Melden von Drohungen oder auffälligen Verhalten von Mitschülern an Lehrer, Eltern oder andere Autoritätspersonen. Die Gründe dafür sind verschieden. Die zweite Studie führte ein Quasi Experiment im Rahmen des Network Against School Shootings (NETWASS) Programm durch. Das NETWASS umfasst ein allgemeines Modell der Prävention von Notsituationen in Schulen. Dies geschieht durch frühzeitiges Eingreifen in persönlichen psychischen Krisen von Schülern und Schülerinnen, sowie der Schulung von Lehrern zur Erkennung von Warnzeichen für gezielte Interventionen. Aufmerksam auf dieses Thema machte mich die Tatsache, dass schon seit den Spät-Neunzigern Amokläufe in Schulen ein wiederkehrendes Problem sind, mit den Vereinigten Staaten und Deutschland als traurigen Spitzenreitern. Sie stehen in Zusammenhang mit vielen weiteren Feldern wie Gewalt, Mobbing, Schulklima oder auch der mentalen Gesundheit von Kindern und Jugendlichen. Es ist ein sehr vielseitiges Thema, welches für eine konkrete Auseinandersetzung einer spezifischen Suche benötigt. Um dies umzusetzen haben wir uns im Seminar immer einen Aspekt nach dem anderen vorgenommen. Ich habe mich für das Thema School Shootings und genauer den Code of Silence gemeldet, da auch in meiner Schulzeit Amokläufe ein immer wiederkehrendes Thema waren, welches sich nicht nur auf den Politikunterricht beschränkte. Leider wurde auch an zwei meiner ehemaligen Schulen ein derartiger Angriff auf die gesamte Schüler- und Lehrerschaft angekündigt, was damals für jeden nicht nur ein Schock, sondern auch schwer   nachzuvollziehen   war.

Diese beiden Studien ergänzen sich bei der Bearbeitung mit Hinblick auf Prävention und Intervention gut, da die Studie zum Code of Silence viele Fragen offen lässt, wie die Schule, Lehrer oder auch Schüler und Schülerinnen zukünftig handeln können.

Das NETWASS Programm hat seine Wirksamkeit bewiesen und bietet hiermit eine Möglichkeit der Schulung   und   gezielten   Intervention.

Code of Silence: Students' Perceptions of School Climate and Willingness to Intervene in a Peer's Dangerous Plan

Zusammenfassung der Fragestellung, des Themas und dem thematischen Kontext

Im Folgenden wird die Studie von Syvertsen, A.; Flanagan, C.; Stout, M. aus dem Jahre 2009 vorgestellt. Die Studie beginnt mit der Aufführung eines Beispiel des Amoklaufes vom 5. März 2001, als Charles Williams in die Santana High School in Santee, Kalifornien ging und Schüsse eröffnete.

Einige Tote und mehrere Verletzte, sowie der Verlust eines Sicherheitsgefühls blieben zurück.

Bis zu 20 Studierende waren in Williams' Absichten eingeweiht gewesen, doch dieses Datenmaterial wurden niemals an einen Erwachsenen weitergegeben.

Die Tatsache, dass Gleichaltrige Bescheid wussten, allerdings nicht intervenierten ist kein Einzelfall.[1]

Statistiken im Bericht der Safe School Initiative, finanziert vom US-Geheimdienst und des US-Bildungsministeriums, geben an, dass in 81% der Fälle von Schießereien an Schulen zwischen 1974 und 2000 der Angreifer weitestgehend jemandem von seinen Plänen berichtete.[2] Doch jene junge Personen beschlossen, keine Autoritätsperson über den Angriff zu informieren. Während Fälle von tödlicher Gewalt in der Schule selten sind, gibt es trotz alledem Situationen, in denen Peers über die Pläne ihrer Mitschüler Bescheid wissen, seien sie gleichfalls nicht tödlich, nichtsdestominder indes gefährlich.

Das Ignorieren der gefährlichen Verhaltensweisen von Gleichaltrigen spielt sich jeden Tag in den Schulen ab.

Dies führte die Autoren zu der Frage welche Psychologie liegt der Untätigkeit von Kommilitonen zugrunde?[3]

Genauer; Wie beeinflusst das Schulklima Jugendliche in Hinblick auf ihre Bereitschaft zu intervenieren/einzuschreiten, wenn ein Mitschüler etwas Gefährliches plant?

Die Intention der Untersuchung ist es den Code of Silence besser zu verstehen. Um zu verstehen, wie das Schulklima die Bereitwilligkeit junger Leute beeinflusst, in den gefährlichen Plan eines Gleichaltrigen einzugreifen wurde die Wahrnehmung der Erwachsenenautorität in der Schule analysiert, sowie das Solidaritäts- und persönliche Zugehörigkeitsgefühl innerhalb der Schule.

Es wird eine hypothetische Situation analysiert, in der ein Peer plant, in der Schule etwas

---

1 Syvertsen, A. K., Flanagan, C. A. & Stout, M. D. (2009): Code of Silence: Students´perceptions of school climate and willingness to intervene in a peer´s dangerous plan. In: Journal of Educational Psychology, Volume 101, S.1

2 s.o.
3 s.o.

Gefährliches zu unternehmen. Ferner wird überprüft, ob die Interaktion nicht nur durch die Schulklimafaktoren und die verschiedenen Reaktionsstrategien, sondern auch durch die Überzeugung der Schüler dass der Besuch eines Lehrers mit ihren Zweifel zu mehr Problemen führen kann, beeinflusst wird. Die Hypothesen der Autoren sind zum einen, dass Schüler der Oberstufe weniger positive Wahrnehmungen des Schulklimas und daher weniger Interventionsverhalten zeigen, als Schüler der Mittelstufe. Zum Anderen wird gleichfalls erwartet, dass Frauen mit größerer Wahrscheinlichke t als ihre männlichen Mitschüler direkte Maßnahmen ergreifen oder mit ihrem Wissen über den Plan eines Peers zu einem Lehrer gehen. Es wird folglich hiervon ausgegangen, dass sämtliche drei Indikatoren des Schulklimas das Engagement der Jugendlichen, direkt oder indirekt, positiv vorhersagen. Es wird jedoch spekuliert, dass die positive Beziehung zwischen der Wahrnehmung einer demokratischen Autoritätsstruktur, der Solidarität der Schule und dem persönlichen Zugehörigkeitsgefühl und den Absichten der Jugendlichen, durch direkte Maßnahmen oder die Aussage eines Erwachsenen in der Schule einzugreifen, durch die Überzeugung der Schüler beeinflusst wird, ob sie glauben durch das Heranziehen eines Erwachsenen würden sie selbst oder die betroffene Person nur in Schwierigkeiten geraten.[4] Zusammengefasst gesagt, beschäftigt sich die Studie mit dem Verhalten unter Schülern und Schülerinnen in Bezug auf die Kenntnis über den gefährlichen Plan eines Peers und bezieht dabei wichtige Aspekte des Schulklimas mit ein.

---

4 Syvertsen, A. K., Flanagan, C. A. & Stout, M. D. (2009): Code of Silence: Students´perceptions of schoo climate and willingness to intervene in a peer´s dangerous plan. In: Journal of Educational Psychology, Volume 101, S.6

Methode

In diesem Kapitel wird das methodische Vorgehen beschrieben, inklusive Stichprobe. Die Studie befragt 1.933 Jugendliche aus 13 Schulen. Die befragten Schüler und Schülerinnen besuchen die Klassen 7 bis 12 (Middle School bis High School) in zwei verschiedenen Staaten. Von den 1.933 Befragten der Erhebung besuchen 776 die Middle School und 964 die High School. Das Durchschnittsalter der Mittelstufen Schüler und Schülerinnen beträgt 13,1 Jahre, und 54 % jener Schüler waren weiblich. Das Durchschnittsalter der High School Schüler und Schülerinnen betrug 15,8 Jahre und 53 % von ihnen waren weiblich. Geschlecht und Herkunft der Befragten entsprechen der Verteilung in der Gesamtpopulation der Schuldistrikte.[5] Ihnen wird ein Szenario über eine hypothetische Situation, in der ein Peer einen gefährlichen Plan hat, vorgestellt und es wird erfragt, wie sie handeln würden. Dazu gibt man ihnen einen Rahmen von vier verschiedenen Reaktionsmöglichkeiten, die später noch erörtert werden. Die Durchführung erfolgt durch Umfragen, genauer durch Skalas. Alle in der vorliegenden Untersuchung verwendeten Maßnahmen basierten auf den Selbsteinschätzungen der Schüler. Die Befragungen wurden im Frühling 2004 in einer 45-minütige Sozialwissenschaftsstunde an die Schüler verteilt.[6] Befragt werden die Schüler und Schülerinnen nicht nur zu ihren Reaktionsmöglichkeiten, sondern auch zu der Wahrnehmung der Autoritätsstruktur in der Schule und des Gemeinschaftssinns, um das Schulklima zu erfassen. Es existieren zwei Rubriken von Interventionsstrategien: direkte Intervention mit Gleichaltrigen und Meldung des Problems an Erwachsene in der Schule. Es wird die Bereitwilligkeit der Schüler abgefragt unmittelbar mit ihren Mitschülern oder Freunden direkt beim Peer zu intervenieren oder seinen Freunden Bescheid gegeben wird und miteinander versucht wird, den Peer daran zu hindern. Um die Neigung der Schüler festzustellen, mit ihren Vorbehalte zu einem Erwachsenen in der Schule zu gehen, bittet man die Schüler bei zwei Punkten die Wahrscheinlichkeit anzugeben. Einmal dass sie einem Lehrer etwas sagen und ob sie es dem Direktor sagen. Die Mitglieder sollen gleichermaßen die Wahrscheinlichkeit angeben, mit der sie eine dritte

---

5 Syvertsen, A. K., Flanagan, C. A. & Stout, M. D. (2009): Code of Silence: Students´perceptions of school climate and willingness to intervene in a peer´s dangerous plan. In: Journal of Educational Psychology, Volume 101, S.6ff

6 Syvertsen, A. K., Flanagan, C. A. & Stout, M. D. (2009): Code of Silence: Students´perceptions of school climate and willingness to intervene in a peer´s dangerous plan. In: Journal of Educational Psychology, Volume 101, S.7

Strategie wählen würden.

Die Schüler werden gleichwohl gefragt, wie wahrscheinlich es ist, dass sie einem Freund vom Peer-Plan erzählen, einem Erwachsenen allerdings nicht. Das suggeriert nicht, ob sie intervenieren oder bloß tratschen würden. Zusammen mit den weiteren Strategien wurden die Schüler gefragt, wie vermutlich es ist, dass sie den Plan ihrer Kollegen, in der Schule etwas Gefährliches zu tun, ignorieren. Hierzu gehört die Angabe der Wahrscheinlichkeit, warum sie es ignorieren. Geschieht dies weil sie es nicht glauben, weil es sie nichts angeht oder weil sie sich schämen oder denken es würde nichts nützen, wenn sie intervenieren.[7] Um die Wahrnehmung der Jugendlichen von der Struktur der Schule als demokratisch und offen nachzuempfinden und die Autoritätsstruktur zu erfassen werden verschiedenen Aussagen wie beispielsweise:"In my school, students have an opportunity to debate and discuss issues" (Syvertsen et al. 2009: 8) auf einer Skala von 1 bis 5 bewertet. Doch wie bereits erwähnt, trägt nicht nur das zum Schulklima bei, sondern auch das Gemeinschaftsgefühl. Dieses umfasst das Gefühl der Schüler und Schülerinner im Punkt Eigenverantwortung und Zugehörigkeit zum schulischen Umfeld. In dieser Studie werden zwei einzelne Werte verwendet, um das Gemeinschaftsgefühl der Teilnehmer mit Gleichaltrigen in der Schule zu bewerten, zum einen Schulsolidarität und zum anderen persönliche Zugehörigkeit. Ersteres stellt die Wahrnehmung des von der Studentenschaft geschaffenen allgemeinen Klimas dar, und letzteres spiegelt ein persönlicheres Gefühl der Integration wider. Das Schulsolidaritätskonstrukt misst die Wahrnehmung der Teilnehmer, dass sich die Schüler ihrer Schule im Allgemeinen umeinander kümmern und ein gemeinsames Gefühl der Eigenverantwortung für die Aufrechterhaltung eines positiven Schulklimas empfinden. Alle Punkte sowohl in der Schulsolidarität, als auch in der persönlichen Zugehörigkeit werden wieder mit Skalas bemessen. Der Mediator wird mit einem einzigen Element gemessen. Die Überzeugung, sich selbst oder den betroffenen Mitschüler damit Probleme zu machen, indem man sich an einen Erwachsenen wendet. Die Kovariablen sind Geschlecht und Bildungsstand der Eltern. Fehlende Daten sind in dieser Studie gering. Bei den Konstruktelementen liegt der Prozentsatz der als fehlend eingestuften Fälle in der Stichprobe zwischen 1% und 5% und fehlt zufällig in Bezug auf Konstrukte, Altersstufen und Geschlecht. Anstatt die Fälle zu löschen, in denen etwas fehlt, analysierten die Autoren die Daten unter

---

7 Syvertsen, A. K., Flanagan, C. A. & Stout, M. D. (2009): Code of Silence: Students'perceptions of school climate and willingness to intervene in a peer's dangerous plan. In: Journal of Educational Psychology, Volume 101, S.8

Verwendung der Schätzung der maximalen Wahrscheinlichkeit für vollständige Informationen.[8] Die Analyse besteht aus drei Schritten. Zunächst eine Bestätigungsfaktoranalyse, um zu zeigen, dass das Messmodell eine angemessene Übereinstimmung mit den Daten bietet. Dann wird ein Strukturgleichungsmodell gemacht, in dem die Antwortstrategien auf die Wahrnehmung der Schüler hinsichtlich der Autoritätsstruktur ihrer Schulen, die Wahrnehmung der Schulsolidarität, das persönliche Zugehörigkeitsgefühl in der Schule zurückgeführt werden. Anschließend wird ein Strukturgleichungsmodell gebildet, das den Mediator zeigt. Die Mediationsanalyse soll prüfen, ob die Überzeugungen der Schülerinnen und Schüler, dass sie in Schwierigkeiten geraten könnten, ein Grund für die Verbindung zwischen Schulklima und ihrer Reaktion sind. Für jede Analyse wendet man Maximum-Likelihood-Parameter-Schätzungen mit konventionellem Standard Fehler und Chi-Quadrat-Teststatistiken an. Die Daten werden mit dem Statistik-Softwarepaket Mplus Version 4.2 analysiert.[9] Zusammenfassend gesagt arbeitet die vorliegende Studie mit Selbstauskünften und Item Skalas, wobei die höchste Priorität auf den Reaktionsmöglichkeiten und der Mediatorvariabel liegt. Die Auswertung erfolgt in drei aufeinanderfolgenden Schritten.[10]

---

8 Syvertsen, A. K., Flanagan, C. A. & Stout, M. D. (2009): Code of Silence: Students´perceptions of school climate and willingness to intervene in a peer´s dangerous plan. In: Journal of Educational Psychology, Volume 101, S.9

9 s.o.

10 Syvertsen, A. K., Flanagan, C. A. & Stout, M. D. (2009): Code of Silence: Students´perceptions of school climate and willingness to intervene in a peer´s dangerous plan. In: Journal of Educational Psychology, Volume 101, S.7ff

Ergebnisse

Im folgenden Abschnitt werden die Ergebnisse der vorher erläuterten Studie präsentiert.

Als erstes erwähnt wird die Korrelationen zwischen den abhängigen Faktoren (d.h. die Wahrscheinlichkeit einer Reaktionsmöglichkeit) und der Mediatorvariablen (die Überzeugung Ärger zu bekommen). Zweitens wird die Korrelationen zwischen den drei unabhängigen Faktoren (d.h. die Dinge, die zum Schulklima beitragen) und des Mediators diskutiert. Anschließend beachtet man die Korrelationsmuster zwischen den unabhängigen und abhängigen Faktoren.[11]

Unter den abhängigen Faktoren tritt eine starke positive Korrelation auf, nebst den Möglichkeiten einfach einzugreifen und mit einem Erwachsenen in der Schule zu kommunizieren. Obendrein war die Befürwortung solcher Handlungen mäßig umgekehrt im Zusammenhang mit dem Ignorieren des gefährlichen Plans eines Peers. Die Möglichkeit es einem Freund, aber nicht einem Erwachsenen zu erzählen, deutet auf ein Muster hin. Es legt nahe, dass die Option es einem Freund, aber nicht einem Erwachsenen zu erzählen, potentiell eine Peer-Culture aufgreift, bei denen die Jugendlichen die Dinge selbst in die Hand nehmen. Dies geschieht entweder durch Gespräche untereinander, beim selbstständigen Klären jener Situationen oder aber auch durch das Ignorieren. Wie erwartet, korrelierte die Überzeugung in Erschwernisse zu geraten positiv mit der Wahl des Gespräches mit Freunden über den gefährlicher Plan eines Peers, aber nicht nicht mit dem Gespräch mit einem Erwachsenen und mit dem Nichtstun. Es existiert eine starke positive Korrelation zwischen der Wahrnehmung der Schüler und Schülerinnen, dass die schulischen Autoritätspersonen ein demokratisches Ambiente fördern und ihrer Empfindung eines positiven Solidaritätsgefühls untereinander. Diese beiden allgemeinen Faktoren des Schulklimas korrelieren aber nur ein wenig und positiv mit dem persönlichen Zugehörigkeitsgefühl. Der Glaube der Befragten in Schwierigkeiten zu geraten korreliert negativ mit allen drei Faktoren des Schulklimas. Alles in allem korrelieren die drei Schulklimafaktoren mäßig und positiv mit dem direkten Eingreifen und es einem Erwachsenen zu sagen, aber negativ mit dem Ignorieren des gefährlichen Plans. Es einem Freund, aber nicht einem Erwachsenen zu erzählen, hatte nichts mit einem der Schulklimafaktoren zu tun.[12] Entgegen der Erwartung, zeigen die Ergebnisse, dass Schülerinnen und Schüler der High School eher intervenieren würden, allerdings auch nur im Gespräch mit Peers und nicht mit Erwachsenen.

---

11 Syvertsen, A. K., Flanagan, C. A. & Stout, M. D. (2009): Code of Silence: Students´perceptions of school climate and willingness to intervene in a peer´s dangerous plan. In: Journal of Educational Psychology, Volume 101, S.10

12 s.o.

Sie würden den Plan aber auch nicht ignorieren. Außerdem gibt es eine Korrelation zwischen weiblich sein und den drei der Antwortmöglichkeiten. Mädchen berichten mit größerer Wahrscheinlichkeit als Jungs, dass sie direkt eingreifen würden oder mit einem Erwachsenen sprechen würden. Ignorieren wird von den Mädchen weniger gewählt, als von ihren männlichen Mitschülern. Diese Ergebnisse stimmen dementsprechend mit der Hypothese überein. Die Erziehung der Eltern steht in keinem Zusammenhang mit einer der Antwortstrategien. Schülerinnen und Schüler, die eine positive Wahrnehmung der Autorität Erwachsener an ihrer Schule haben, sagen, sie würden direkt eingreifen oder sich an einen Erwachsenen wenden, wenn ein Gleichaltriger etwas Gefährliches vorhat. Solidarität war nicht signifikant damit verbunden, es einem Freund, aber nicht einem Erwachsenen zu erzählen. Die Wahrnehmung der Schülerinnen und Schüler über ihre persönliche Zugehörigkeit sind negativ damit verbunden eine potenziell gefährliche Situation zu ignorieren. Schülerinnen und Schüler, die positive Wahrnehmungen des Solidaritätsgefühls untereinander berichten, sowie diejenigen, die sich zugehörig fühlen, glauben weniger, dass sie in Schwierigkeiten geraten, wenn sie zu einem Erwachsenen gehen. Dasselbe gilt auch für jene, die ihre Interaktionen mit den Lehrern als fair und demokratisch bewerten. Alle Schulklimafaktoren haben eine erhebliche negative Auswirkung auf den Mediator.

Zusammenfassend lässt sich sagen, dass der Glaube, in Schwierigkeiten zu geraten eine wichtige Rolle als Vermittler des Einflusses des Schulklimas auf die Erzählwahrscheinlichkeit hat.[13]

---

13 Syvertsen, A. K., Flanagan, C. A. & Stout, M. D. (2009): Code of Silence: Students´perceptions of school climate and willingness to intervene in a peer´s dangerous plan. In: Journal of Educational Psychology, Volume 101, S.11f

Diskussion

In diesem Abschnitt wird sich mit dem Diskussionsteil auseinandergesetzt.

Die Studie betont die Wichtigkeit der sozio-kontextuellen Faktoren und macht deutlich welchen Einfluss Schule, Lehrer und Mitschüler auf das gesamte Schulklima haben. Außerdem zeigt sie auf, wie das Schulklima sich andererseits auf die Schüler und ihr Verhalten, in dem Fall ihre Reaktionswahl, auswirkt.[14] Wie bereits aus vorherigen Studien, die die Autoren immer wieder erwähnten, hervorgegangen ist, ist das Untereinander Bleiben der Jugendlichen ein normales Verhalten und Teil der Peer Culture.[15] Da mittlerweile viele Schulen eine Null Toleranz Regeln verfolgen, gilt es hier die Frage zu stellen, ab wann diese Regeln das Schulklima beeinträchtigen.[16] Ebenfalls Gründe der Jugendlichen sich nicht an einen Erwachsenen zu wenden, sind die verschiedenen Unsicherheiten darüber, ob sie es richtig verstanden und einen Witz nicht nur missverstanden haben oder ob sie eventuell als Verräter gelten könnten.[17] Für die künftigen Forschungen schlagen die Autoren vor auch die Rolle riskanter Freundschaften zu berücksichtigen, da nicht alle Schülerinnen und Schüler entweder eingreifen oder ignorieren, sondern sich gegebenenfalls dem gefährlichen Plan anschließen könnten.[18] Abschließend gesagt ist sicher, dass eine Reihe von psychosozialen, entwicklungsbezogenen und ökologischen Faktoren berücksichtigt werden müssen, um vollständig zu verstehen, warum einige Heranwachsende bereit sind einzugreifen, während andere es nicht tun. Einige Faktoren können jedoch eher in Angriff genommen werden. Dementsprechend sollte zukünftige Forschung auch die spezifischen Schulpolitiken und Praktiken untersuchen, die dazu führen, dass Schüler und Schülerinnen Angst vor mehr Problemen haben, wenn sie einen Erwachsenen miteinbeziehen.[19]

---

14 Syvertsen, A. K., Flanagan, C. A. & Stout, M. D. (2009): Code of Silence: Students´perceptions of school climate and willingness to intervene in a peer´s dangerous plan. In: Journal of Educational Psychology, Volume 101, S.12ff

15 Syvertsen, A. K., Flanagan, C. A. & Stout, M. D. (2009): Code of Silence: Students´perceptions of school climate and willingness to intervene in a peer´s dangerous plan. In: Journal of Educational Psychology, Volume 101, S.13

16 Syvertsen, A. K., Flanagan, C. A. & Stout, M. D. (2009): Code of Silence: Students´perceptions of school climate and willingness to intervene in a peer´s dangerous plan. In: Journal of Educational Psychology, Volume 101, S.14

17 Syvertsen, A. K., Flanagan, C. A. & Stout, M. D. (2009): Code of Silence: Students´perceptions of school climate and willingness to intervene in a peer´s dangerous plan. In: Journal of Educational Psychology, Volume 101, S.15f

18 s.o.

19 s.o

Prevention of Targeted School Violence by Responding to Students' Psychosocial Crises: The NETWASS Program

Zusammenfassung der Fragestellung, des Themas und dem thematischen Kontext

In diesem Kapitel wird mit der Erläuterung der zweiten Studie begonnen. Es wird sich zunächst den Hypothesen und dem Kontext gewidmet.

In den letzten 15 Jahren haben sich Amokläufe zu einem weltweiten Phänomen entwickelt. Mit mehr als zehn Vorfällen seit den Spät-Neunzigern gab es in Deutschland mehr schwere Angriffe auf Schulen als in jeder anderen Nation, abgesehen von den Vereinigten Staaten. Amokläufe oder andere Angriffe auf Schulen können als geplante Gewalttaten durch gegenwärtige oder ehemalige Schülerinnen und Schüler definiert werden, die beabsichtigen, mindestens eine mit der Schule in Verbindung stehende Person zu töten.[20] Fälle von gezielter Gewalt an Schulen sind keine spontanen, affektgetriebenen Handlungen, die sich direkt aus der gegenwärtigen Situation ergeben, sondern entwickeln sich während einer längeren Phase, in denen der Täter eine persönliche Krise durchmacht. Beispiele für diese psychosozialen Krisen sind Zurückweisung, Konflikte und Enttäuschungen. Diese persönliche psychosoziale Krise ist mit bestimmten beobachtbaren Warnverhaltensweisen verbunden, wie zum Beispiel verbalen oder schriftlichen Drohungen, Durchsickern gewalttätiger Absichten, Beschäftigung mit Gewalt und Waffen oder Selbstmordabsichten. Das Durchsickern von Informationen zu solchen Taten führt nicht notwendigerweise zu einer Gewalttat, bietet aber die Möglichkeit, Schülerinnen und Schüler aufzuspüren, die Aufmerksamkeit und Unterstützung benötigen..[21] Leider sind Schulen anfällige Ziele für Angriffe von Schülern, aber sie bieten wertvolle Möglichkeiten zur Prävention und Intervention, da sie ein Umfeld darstellen, in dem Krisensymptome und Warnverhalten deutlich werden.[22] Als Reaktion auf eben diese neumodische Art von Bedrohung an Schulen haben Schulen in Deutschland im Wesentlichen zwei Gattungen von Interventionen durchgeführt. Zum einen Maßnahmen wie Anti-Bullying-Programme, zum Anderen Notfallpläne. Strafverfolgungsbehörden und Experten für Risikoabschätzung haben jedoch die Verwendung von Verhaltensbedrohungsanalysen als spezifische Gewaltpräventionsstrategie für Schulen empfohlen. Hierbei handelt es sich um einen Prozess der Bewertung einer Bedrohung und der damit verbundenen Umstände, um Fakten oder Beweise

20 Leuschner V, Fiedler N, Schultze M, et al. (2017): Prevention of Targeted School Violence by Responding to Students' Psychosocial Crises: The NETWASS Program. In: Child Development, Volume 88, Number 1, S.68

21 Leuschner V, Fiedler N, Schultze M, et al. (2017): Prevention of Targeted School Violence by Responding to Students' Psychosocial Crises: The NETWASS Program. In: Child Development, Volume 88, Number 1, S.69

22 Leuschner V, Fiedler N, Schultze M, et al. (2017): Prevention of Targeted School Violence by Responding to Students' Psychosocial Crises: The NETWASS Program. In: Child Development, Volume 88, Number 1, S.70

aufzudecken, die darauf hindeuten, dass die Bedrohung wahrscheinlich durchgeführt wird. Keines der US-amerikanischen Präventionsmodelle schien jedoch geeignet, in deutschen Schulen ohne umfangreiche Modifikationen kopiert zu werden. Darauffolgend wurde das Programm "Networks Against School Shootings (NETWASS)" konzipiert. NETWASS ist ein manuelles, forschungsbasiertes und entwicklungsorientiertes Präventionsprogramm. Der Kernansatz des Präventionsmodells besteht darin, das Schulpersonal in die Lage zu versetzen, einen Schüler, der sich in einer psychosozialen Krise befindet, die zu Gewalt führen könnte, auszumachen, denkbare Warnverhalten verantwortungsbewusst einzuordnen und angemessene und unterstützende Maßnahmen zu ergreifen. Das Modell besteht aus vier Prozessschritten und funktioniert wie ein Filter, in dem Daten gesammelt und geprüft werden, womit allein die schwerwiegendsten Fälle zur Prüfung an ein Krisenpräventionsteam weitergeleitet werden.[23] Die Schritte werden in Figur 1 deutlich. Die Hypothesen der Autoren lauten wie folgt:

Die Umsetzung des NETWASS-Programms wird zu einer erhöhten Fachkompetenz in Bezug auf Schießereien an Schulen und zu verbesserten Fähigkeiten und Zuversicht führen, Bedrohungen und Jugendkrisen unmittelbar nach dem Training zu beurteilen, doch ebenso langfristig gesehen werden diese Effekte noch erwartet. Es wird zu mehr Vertrauen des Schulpersonals in interne Schulbeamte und in externe Partner wie Polizei oder Schulpsychologen bei der 7-monatigen Nachbereitung führen. Da das NETWASS-Programm zu größeren organisatorischen Veränderungen und zur Verbesserung der Kommunikationsverfahren ermutigt, wird es beim Follow-up zu positiven Veränderungen beim Zusammenhalt des Schulpersonals und bei der Lehrer-Schüler-Interaktion kommen.[24]

Zusammengefasst arbeitet das NETWASS Programm nicht an den Folgen oder der Intervention, sondern an der Prävention von gefährlichem Verhalten.

---

[23]Leuschner V, Fiedler N, Schultze M, et al. (2017): Prevention of Targeted School Violence by Responding to Students' Psychosocial Crises: The NETWASS Program. In: Child Development, Volume 88, Number 1, S.70f

[24]Leuschner V, Fiedler N, Schultze M, et al. (2017): Prevention of Targeted School Violence by Responding to Students' Psychosocial Crises: The NETWASS Program. In: Child Development, Volume 88, Number 1, S.71

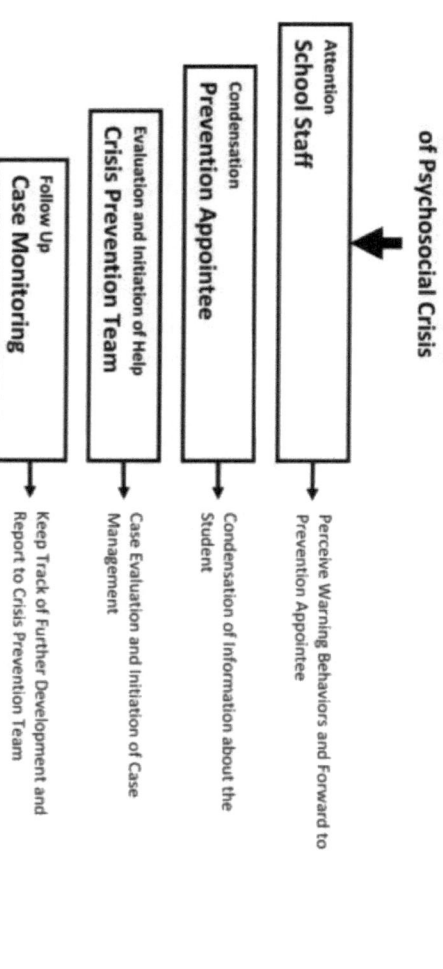

Warning Behavior and Symptoms
of Psychosocial Crisis

Attention
School Staff   Perceive Warning Behaviors and Forward to
                                     Prevention Appointee

Condensation
Prevention Appointee   Condensation of Information about the
                                     Student

Evaluation and Initiation of Help
Crisis Prevention Team   Case Evaluation and Initiation of Case
                                     Management

Follow Up
Case Monitoring   Keep Track of Further Development and
                                     Report to Crisis Prevention Team

Figure 1. The "Networks Against School Shootings" crisis prevention model for schools (Leuschner, Schroer-Hippel, Bondü, & Scheithauer, 2013).

25Leuschner V, Fiedler N, Schultze M, et al. (2017): Prevention of Targeted School Violence by Responding to Students' Psychosocial Crises: The NETWASS Program. In: Child Development, Volume 88, Number 1, S.71

Methode

Im Folgenden wird die Methodik der im oberen Verlauf vorgestellten Studie behandelt. Dies beinhaltet die Stichprobe, die Vorgehensweise und die Auswertung.

Die Teilnehmer der Studie kommen aus drei verschiedenen deutschen Bundesländern. In jedem Bundesland gibt es sechs heterogene Schulbezirke, die die Unterschiede in der Bevölkerungsdichte, dem Einkommen, dem Anteil an Hochschulabsolventen, der Urbanität und der Ethnizität des jeweiligen Bundeslandes repräsentieren. Die Schulen nehmen freiwillig am Programm teil, ebenso die Lehrerschaft.

Für die vorliegende Evaluationsstudie wählte man 98 Schulen mit 3.473 Schulmitarbeitern (Lehrer, Sozialarbeiter und Verwaltungsangestellte). Die Daten wurden zwischen Oktober 2010 und Januar 2012 erhoben. Auf individueller Ebene waren 66,8% des Schulpersonals in der Stichprobe Frauen und das Durchschnittsalter betrug 46,2 Jahre, was mit der Lehrerpopulation in diesen drei Bundesländern vergleichbar ist.[26] Die Umsetzung des NETWASS-Ansatzes umfasst die Anordnung von Organisationsstrukturen in Schulen, die Vermittlung von Fakten und Bewertungsfähigkeiten an Schulpersonal und eine Schulung, um innerhalb Fallbewertungen eine Einigung zu erzielen. Aus ethischen Gründen und auf Grund von Einschränkungen durch das Bundesbildungsministerium existiert keine Kontrollgruppe, und die Wirksamkeit des Programms wird via eines quasi-experimentelles Vergleichsgruppendesign mit teilnehmerden Schulen analysiert, die zufällig einer von drei verschiedenartigen Durchführungsbedingungen zugeordnet werden. Nach der Schulung des Schulpersonals folgt eine 7-monatige Phase der Projektdurchführung. Während dieser Zeit können sämtliche teilnehmende Schulen telefonische Unterstützung durch Mitglieder des NETWASS-Forschungsteams in Anspruch nehmen. Die Studie umfasste drei Messpunkte, wobei separate Fragebögen für den Schulleiter und das Schulpersonal verwendet wurden. Die Fragebögen beinhalteten Vignetten von Bedrohungen und psychosozialen Krisen und Handlungsoptionen sowie eine Selbsteinschätzung der Lehrer. Zusätzlich haben die teilnehmenden Schulen Anweisungen bekommen, alle Fälle zu dokumentieren, die mit dem Modell der Krisenprävention behandelt wurden. Schließlich werden die Protokolle des Implementierungsprozesses und des Fallmanagements für qualitative Analysen zur Verfügung gestellt. Gemessen werden die Veränderungen der objektiven Bewertungsfähigkeiten, welche mit einem 16-Punkte-Instrument gemessen werden, das auf vier Fallszenarien basiert, die aus früheren Schießereien an Schulen abgeleitet und von Schießereiexperten an Schulen überprüft wurden. Jedes Szenario misst das diagnostische Selbstvertrauen der Lehrerinnen und Lehrer und ihre Lagebeurteilung auf einer 5-Punkte-Likert-

---

26Leuschner V, Fiedler N, Schultze M, et al. (2017): Prevention of Targeted School Violence by Responding to Students' Psychosocial Crises: The NETWASS Program. In: Child Development, Volume 88, Number 1, S.72

Skala   von   1   (trifft   stark   zu)   bis   5.
Die vier Fallszenarien werden auch verwendet, um die "Bewertungssicherheit zu messen, das heißt den Grad, in dem sich der Teilnehmer in Bezug auf vier Items für jede der vier Fallvignetten, die auf einer 5-Punkte-Skala von 1 (sehr unsicher) bis 5 (sehr sicher) bewertet werden, in seinen Antworten sicher fühlt. Das Vertrauen der Teilnehmer in Organisationsstrukturen wird auf einer 5-Punkte-Likert-Skala von 1 (überhaupt nicht) bis 5 (sehr gut) mit einem einzigen Item gemessen. Ein Punkt scheint ausreichend, um zu schauen, ob der Schulmitarbeiter weiß, an wen er sich wenden kann, wenn er sich Sorgen um einen Schüler in einer Krise macht. Dieser Punkt wird ebenfalls auf einer 5-Punkte-Likert-Skala von 1 (stimme nicht zu) bis 4 (stimme völlig zu) gemessen. Ansonsten werden die folgenden Punkte gemessen: Interaktion zwischen Lehrer und Schüler, Sicherheitsgefühl, Zusammenhalt des Schulpersonals und Vertrauen in externe Partner.[27] Von den 98 Schulen in der Evaluationsstudie setzen 88 (89,9%) Schulen das Krisenpräventionsmodell NETWASS ein. Aus verschiedenen Gründen (Arbeitsbelastung, fehlende Notwendigkeit, andere Präferenzen) entscheiden sich 10 Schulen nach der Schulung gegen eine Umsetzung. Von den ursprünglich 3.473 Teilnehmern der ersten Welle schließen 1.460 (42,0%) die zweite   und   1.036   (30,6%)   die   dritte   Welle   ab.
Tests zur differentiellen Fluktuation zeigen keine Unterschiede im Alter oder Geschlecht zwischen Lehrern, die alle drei Wellen abgeschlossen haben und solche, die nicht alle drei Wellen abgeschlossen haben.[28] Um die Hypothesen der Studie zu untersuchen werden multivariate zweistufige Änderungsmodelle geschätzt. Jedes Modell berücksichtigt die drei abhängigen Variablen, die für jede der drei Hypothesen gleichzeitig relevant waren, insgesamt neun abhängige Variablen innerhalb jedes Modells. Zur Auswertung der Fallbewertung werden qualitative Fallberichte untersucht. Da die Schulen angewiesen sind, alle relevanten Fälle, die mit dem Krisenpräventionsmodell behandelt wurden, den NETWASS-Mitarbeitern zu melden, werden detaillierte Informationen über die wahrgenommenen Fälle entweder in schriftlichen Dokumenten, telefonischen Beratungen oder Interviews berichtet. Aufgrund von Datenschutzbestimmungen weigern sich einige Schulen, Fälle zu melden oder zur Verfügung zu stellen, was zu einer bequemen Stichprobe von Fällen führte. Nichtsdestotrotz liefert die erhaltene Stichprobe von Fällen laut Autoren wertvolle qualitative Informationen über den Inhalt der Fälle und die Bewertung dieser durch das Schulpersonal. Drei Forscher überprüfen alle Fallbeschreibungen unabhängig voneinander und kodieren relevante Warnverhaltensweisen, als auch Risikofaktoren und diskutieren anschließend die Bewertungen, bis sie einen Konsens erzielen. Die Daten wurden mit Hilfe von Einweganalysen analysiert.[29]

---

[27]Leuschner V, Fiedler N, Schultze M, et al. (2017): Prevention of Targeted School Violence by Responding to Students' Psychosocial Crises: The NETWASS Program. In: Child Development, Volume 88, Number 1, S.73f

[28]Leuschner V, Fiedler N, Schultze M, et al. (2017): Prevention of Targeted School Violence by Responding to Students' Psychosocial Crises: The NETWASS Program. In: Child Development, Volume 88, Number 1, S.74

[29]Leuschner V, Fiedler N, Schultze M, et al. (2017): Prevention of Targeted School Violence by Responding to Students' Psychosocial Crises: The NETWASS Program. In: Child Development, Volume 88, Number 1, S.75

Ergebnisse

Als nächstes werden die Ergebnisse der vorgestellten Studie besprochen.

Bei der 7-monatigen Nachbereitung bewerten die Schulmitarbeiter die neu eingeführten Strukturen als hilfreich (94,5% Zustimmung) und nützlich, um sicherzustellen, dass wichtige Informationen über die Schülerinnen und Schüler weitergegeben werden (93,2% Zustimmung). Die Beurteilungskriterien erscheinen den Teilnehmern des Programms als hilfreich, um Schüler in Krisensituationen zu identifizieren und die empfohlene Teamstruktur wird als, für das Fallmanagement geeignet, bezeichnet (90,3% Zustimmung). Ebenso erleichtert das NETWASS-Programm auch den Umgang mit typischen, gewaltfreien Problemverhaltensweisen von Studenten.[30] Die Schulen melden durchschnittlich 2,6 Fälle (SD = 3,05) über einen Zeitraum von 7 Monaten, was mit dem vorhandenen Personal zu bewältigen ist und die Arbeitsbelastung nicht wesentlich erhöht. Es wird ein breites Spektrum an sozialen Belastungsfaktoren, Krisensymptomen und individuellen Verwundbarkeiten sowie ein spezifisches Warnverhalten berichtet, da das NETWASS-Modell nicht nur die Erkennung psychosozialer Krisen im Zusammenhang mit gewalttätigem Verhalten unterstützt, sondern auch dem Schulpersonal hilft, Schülerkrisen aus einer allgemeineren präventiven Perspektive ausfindig zu machen und ein zu ordnen.

Nach Beobachtungen des Schulpersonals sind 73 Schülerinnen und Schüler auffällig. Sie weisen Krisensymptome auf in Form von Schulversagen, Schulverweigerung oder auch Selbstverletzung. Weitere 63 Schülerinnen und Schüler zeigen soziale Belastung. Sie sind Opfer von Mobbing und anderen problematischen Peer-Beziehungen, haben Konflikte mit Lehrern oder familiäre Konflikte. An die 42 Schülerinnen und Schüler zeigen individuelle Anfälligkeiten wie z.B Konsum von Medien mit gewalttätigen Inhalten. Das Schulpersonal berichtet in 65 der identifizierten Fälle über Warnverhalten, das spezifisch für Gewalt und Durchsickern ist. Darüber hinaus waren 12 der vom Schulpersonal identifizierten Schülerinnen und Schüler im Besitz von Waffen, überwiegend Messer oder zusätzliche Klingen.[31] Anhand von manuellen Empfehlungen zur Fallbewertung definieren die Autoren verschiedene Risikoniveaus für einen Akt gezielter schulischer Gewalt. Dabei werden verschiedene Risikogruppen unterschieden. Die Schüler und Schülerinnen, die mit einem geringen Risiko beurteilt werden, befinden sich mit ihrer persönlichen Krise noch in einem Frühstadium und sind somit zunächst keine Bedrohung, besitzen aber das Potenzial eine zu werden. Insgesamt erfüllen

---

30 Leuschner V, Fiedler N, Schultze M, et al. (2017): Prevention of Targeted School Violence by Responding to Students' Psychosocial Crises: The NETWASS Program. In: Child Development, Volume 88, Number 1, S.77

31 Leuschner V, Fiedler N, Schultze M, et al. (2017): Prevention of Targeted School Violence by Responding to Students' Psychosocial Crises: The NETWASS Program. In: Child Development, Volume 88, Number 1, S.77f

48 Fälle diese Bedingungen.[32] Acht von den Schulen gemeldeten Schülerinnen und Schüler werden als Hochrisikofälle eingestuft. Diese Fälle entsprechen den Kriterien, die als Eskalationsfaktoren formuliert sind. Neben Krisensymptomen sowie individuellen und sozialen Störungen weisen die Hochrisikofälle wiederholt gewalttätiges Verhalten auf. Darüber hinaus müssen die Hochrisikofälle alle der folgenden drei Bedingungen erfüllen: Der Schüler ist im Besitz tödlicher Waffen, macht konkrete Drohungen, in denen Zeit und Ort des Angriffs genannt werden, und nennt potenzielle Opfer.[33] Die Schulen berichten über ein breites Spektrum von Interventionen zur Behandlung von Risikofaktoren. Die meisten Interventionen sollen helfen mehr Informationen zu erhalten (z.B. Interviews mit dem Schüler, den Eltern oder Klassenkameraden). Um in begrenztem Umfang beurteilen zu können, ob die Schulen Interventionspläne entwickelt haben, die mit den NETWASS-Instruktionen in Einklang stehen, wird analysiert, ob das Personal der Empfehlung gefolgt ist, angemessene Maßnahmen zu finden, um auf jeden identifizierten Risikofaktor zu reagieren. In diesem Fall sollte die Anzahl der durchgeführten Maßnahmen mit dem zunehmenden Risikostatus bzw. der Anzahl der Risikofaktoren übereinstimmen. Die Ergebnisse einer ANOVA zeigten signifikante Unterschiede in der durchschnittlichen Anzahl der Maßnahmen zwischen den drei Risikogruppen $F(2, 96) = 8,595$, $p = .000$, der Gruppe mit niedrigem Risiko (M = 2,63), der Gruppe mit spezifischem Risiko (M = 3,19) und der Gruppe mit hohem Risiko (M = 5,13)" (Leuschner et al. 2017: 78).

Zusammenfassend lässt sich sagen, dass alle, von den Autoren aufgestellten Hypothesen bestätigt sind und somit das Programm ein voller Erfolg war.

---

32 s.o.

33 Leuschner V, Fiedler N, Schultze M, et al. (2017): Prevention of Targeted School Violence by Responding to Students' Psychosocial Crises: The NETWASS Program. In: Child Development, Volume 88, Number 1, S.78

Diskussion

Nun folgt der Diskussionsteil der Studie

.

Die Ergebnisse zeigen, wie erwartet, eine Zunahme der Fachkompetenz des Schulpersonals, positive Sekundäreffekte einschließlich eines verbesserten Vertrauens in die Organisationsstruktur der Schule und verbessertes Vertrauen in externe Personen, sowie eine Verbesserung der Fähigkeiten des Personals, Schülerinnen und Schüler, die eine Krise erleben, zu identifizieren und zu unterstützen. Ebenfalls bestätigt wird die Hypothese, welche besagt, dass die Umsetzung des NETWASS-Programms zu einer erhöhten Fachkompetenz des Personals zum Thema Schulschießen führt. Sowie zu verbesserten Fähigkeiten und Selbstvertrauen zur Einschätzung von Bedrohungen unmittelbar nach dem Training. Somit bestätigen sich die Vermutungen zu den kurzfristigen Effekten. Allerdings sind diese Effekte auch beim Follow-up noch vorhanden, obwohl die Folgewirkungen geringer waren als die Auswirkungen direkt nach der Intervention. Eine Abnahme der Effekte von der Post-Intervention bis zum Follow-up sind typisch für präventive Interventionen und können in mehreren anderen Evaluationsstudien gefunden werden.[34] Wie erwartet, zeigen die Teilnehmer ein verbessertes Vertrauen in die Organisationsstruktur der Schule und eine klarere Anerkennung der verantwortlichen Person, an die man sich im Falle einer Schülerkrise wenden kann.[35] Somit sind zwar alle vorausgegangen Hypothesen bestätigt, jedoch fehlt hier der Gedanke für die zukünftige Forschung. Was ebenfalls fehlt ist eine Antwort auf die Frage, wie nun mit dem gewonnen Wissen umgegangen werden soll. Soll man das Programm bundesweit verpflichtend einführen oder nur als freiwillige Option lassen? Wie kostspielig ist das Programm für die Schulen und Weiteres?

Insgesamt kann man also sagen, dass es sich um eine ergebnisreiche Studie handelt, die nichtsdestotrotz noch einige Fragen offen lässt.

---

[34] Leuschner V, Fiedler N, Schultze M, et al. (2017): Prevention of Targeted School Violence by Responding to Students' Psychosocial Crises: The NETWASS Program. In: Child Development, Volume 88, Number 1, S.79

35 s.o.

Fazit

Im folgenden und letzten Abschnitt wird ein Fazit aus den beiden Studien und den daraus entstandenen Erkenntnissen und Ergebnissen gezogen.

Die Ergebnisse der Erhebung zum Code of Silence unterstützen die fundamentale Rolle, die Schulen bei der Schaffung einer Kultur spielen, in der die Schülerinnen und Schüler Verantwortung füreinander übernehmen. Sie präsentierte insgesamt 1.933 Jugendlichen aus 13 verschiedenen Schulen ein hypothetisches Szenario über den Plan eines Gleichaltrigen, in der Schule "etwas Gefährliches zu tun". Anschließend wurde gefragt, wie wahrscheinlich es sei, dass sie mit vier verschiedenen Aktionen reagieren würden. Diese lauteten: direkt eingreifen, es einem Lehrer oder Schulleiter sagen, es mit einem Freund, aber nicht mit einem Erwachsenen diskutieren und ignorieren.

Schüler und Schülerinnen der Sekundarstufe II sagten seltener als Schülerinnen und Schüler der Mittelstufe, dass sie sich einem Lehrer oder Schulleiter anvertrauen würden. Alle Schülerinnen und Schüler zogen es am ehesten vor, alleine aktiv zu werden, statt auf sonstigen Reaktionsstrategien zurückzugreifen. Schülerinnen und Schüler mit einer positiven Wahrnehmung ihrer Schule sagten eher, sie würden etwas unternehmen, anstatt die gefährlichen Absichten ihres Altersgenossen zu ignorieren. Diese Beziehungen wurden alle durch die Überzeugung der Schüler vermittelt, dass das Vertrauen in einen Lehrer ungünstige Folgen, für sie oder den Peer mit dem gefährlichen Plan, haben kann.

Die Ergebnisse der Untersuchungen zum NETWASS Programm zeigen klar die praktische Durchführbarkeit und das Versprechen der Wirksamkeit des präsentierten Programms als nützliche Präventionsmethode für Schulen. Das Programm erforderte nur teilweise Mitarbeiterschulung und erhöhte trotzdem das Fachwissen der Lehrer, um Schülerinnen und Schüler, die sich in einer psychosozialen Krise befinden, die zu Gewalt führen könnte, zu identifizieren und mit ihnen umzugehen.

Diese Studie von NETWASS stellt die erste Evaluierung eines manualisierten Gewaltpräventionsprogramms mit einem Lehrerbildungsansatz in Europa dar. Diese Ergebnisse unterstützen die Empfehlungen von Wissenschaftlern, die Bedrohungsanalyse von Schülern als wirksames Mittel zur Verhinderung gezielter Gewalt an Schulen einzusetzen. Schulen, Schulverwaltungen und politische Entscheidungsträger können zu einer gesunden Entwicklung von Schülern beitragen, indem sie die Umsetzung des NETWASS-Programms als übliche pädagogische Praxis handhaben.

Insgesamt tragen beide Studien einen wichtigen Teil zum Thema rund um School Shootings, Präventionsmaßnahmen und Schulklima bei. Sie geben einen Überblick über das bisher Geschehene, sowie einen Ausblick in die Zukunft und bieten Optionen für den zukünftigen

Umgang mit derartig gefährlichen Situationen bzw. helfen dabei, diese zu verhindern. Die Studie zum Code of Silence bietet eine gute Übersicht und Verständlichkeit zum Thema Schulklima indem man es in drei Dimensionen aufteilt. Außerdem sind alle drei dafür gewählten Faktoren angemessen und relevant. Ebenso die Mediatorvariabel, welche sich als äußerst wichtig erwiesen hat.

Allerdings, wie die Autoren auch selbst anmerken, basiert diese Studie lediglich auf Selbstauskünften der Schüler und Schülerinnen und ist somit kritisch zu beäugen im Thema Aussagekraft.

Ein nicht abgefragter, aber trotzdem wichtiger Aspekt, ist der der Situation Zuhause. Falls die Jugendlichen in der Lage sind sich Zuhause an Erwachsene zu wenden, wäre dies sicherlich ein hilfreicher Schritt in Richtung Intervention. Es wird auch nicht genannt, ob dies bei vorhergegangenen School Shootings der Fall war.

Die Studie zum NETWASS Programm basiert auf einem guten Design, in einer, in Europa bisher nicht so da gewesenen, Größe. Lediglich die Stichprobe lässt an der Repräsentativität zweifeln, da die Teilnahme an der Studie und dem Programm freiwillig erfolgte. Allerdings ist sie vom Alter und Geschlecht repräsentativ für die gewählten Bundesländer. Was die Studie leider nicht behandelt sind Fragen für die zukünftige Forschung. Auch fehlt ein Entwurf oder ein Vorschlag für den Umgang mit den Ergebnissen der Studie. Da die Wirksamkeit des Programms bewiesen wurde, stellt sich hier die Frage, ob und wie man das Programm zukünftig auch an die Schulen bringt. Fragen kommen auf wie: Wie kann das ganze nun bundesweit umgesetzt werden, soll es verpflichtend sein oder weiterhin freiwillig, wie kann man das ganze finanzieren?

Beide in dieser Arbeit präsentierten Studien heben hervor, wie wichtig das schulische Umfeld sein kann, um Bedrohungen frühzeitig zu erkennen und zu beheben. Sei es unter Schülern oder durch das Lernpersonal, risikoreiches Verhalten kann und muss rechtzeitig wahrgenommen und interveniert werden. Während die Studie zum Code of Silence keine konkreten Ideen für die Schulpraxis liefert und somit Fragen offen bleiben, wie: Wie sollen Lehrer sich verhalten, wenn sie von Schülern bezüglich eines gefährlichen Plans kontaktiert werden?, liefert die Studie zum NETWASS Programm genau das. Das Programm beinhaltet gezielte Verhaltensweisen und hilft dem Schulpersonal mit solch einer Situation umzugehen.

Somit ergänzen sich die beiden Studien in dem Kontext sehr gut und bieten eine gewisse Perspektive für zukünftiges Handeln.

Literaturverzeichnis

Leuschner V, Fiedler N, Schultze M, et al. (2017): Prevention of Targeted School Violence by Responding to Students' Psychosocial Crises: The NETWASS Program. In: Child Development, Volume 88, Number 1, Pages 68–82

Syvertsen, A. K., Flanagan, C. A. & Stout, M. D. (2009): Code of Silence: Students´perceptions of school climate and willingness to intervene in a peer´s dangerous plan. In: Journal of Educational Psychology, Volume 101, Pages 219-232.